AF279269

ENCARNACIÓN MARTÍNEZ MARÍN

APULEYO EDICIONES   FOMENTO DE VALORES   CUENTOS ILUSTRADOS

LA LUZ DE PAPÁ

APULEYO EDICIONES   FOMENTO DE VALORES   CUENTOS ILUSTRADOS

Los tres hermanos salieron a la calle, la nieve estaba cubriendo todo con su manto inigualable de bondad y paz, un blanco que no mostraban las pinturas, ni las tizas, ni las páginas de sus cuadernos de clase.

Se quedaron mirándose, y Ángel sonrió a Abel, y a su vez, ambos sonrieron a Iván.

Estaban solos en casa, abrigados como capas de cebolla sin fin, la luz del amanecer les había despertado, del mismo modo que las gotas de la nieve serpenteando en sus ventanas.

Hacía tiempo que no podían poner la calefacción y por ello todo eran mantas y mantas en las camas, encima de los sofás, en las sillas de la cocina...

Su madre había ido a ayudar al Banco de Alimentos, decía que ya que les ayudaban a ellos, ella quería contribuir también en ayudar a otras familias.

Al día siguiente, día 24, día de Nochebuena, irían a cenar al comedor social, y un gran festín se cernía en sus mentes.

Y, sobre todo, estarían calentitos sin tanta ropa encima. Los tres habían elegido una camisa que les había enviado la tía Marta desde Buenos Aires.

Recordaban los tiempos en que su padre vivía, y aquel viaje inmenso allende los mares para visitar a su tía y a sus primas Marisa y Amaia.

La muerte inesperada de Jesús, su padre, les había sumido en una vida distinta; tuvieron que cambiar de colegio, de vivienda y, lo más difícil para ellos, de población.

Su madre se las arreglaba para pagar el alquiler, el agua y la luz, comían bien, sin lujos, y, aunque vivían una vida ajustada, se tenían a ellos y a las clases en el colegio, con la cantidad de amistades satisfactorias que hicieron.

Cuando llegó el invierno, les pilló de sorpresa, la casa era amplia y en el pueblo hacía más frío que en la ciudad donde vivían antes. Y llegó un momento en que no pudieron asumir el gasto de la calefacción.

Además, vinieron gastos inesperados de compromisos de su padre, y llegó un momento en que la compañía de luz cortó el suministro de corriente eléctrica.

Aprovechaban al máximo la luz solar, desde las 7 de la mañana hasta las 7 de la tarde, y cuando alguno necesitaba más horas para estudiar, la madre "encendía a papá", ya que según ella, la luz era él. Así, estudiar a la luz de la vela se convirtió en poder estar acompañados por él, y, en ocasiones, dejaban tareas para la noche sólo con la pretensión de estar con él.

El mayor, Ángel, cargaba su portátil en el instituto y con ello, podían ver alguna serie, de vez en cuando.

La única que tenía móvil era Adela, la madre, y ella lo utilizaba sólo
para emergencias, y lo cargaba en el local del Banco de Alimentos.

Al principio, había sido duro pero pronto le vieron ventajas a no te-
ner dispositivos que tuvieran que estar cargados.

Recuperaron los juegos de mesa, la oca, el parchís... e inventaron
muchos otros.

Sus compañerxs y amigxs disfrutaban mucho yendo a su casa, y, de hecho, últimamente aparecían ya sin móviles ni nada electrónico.

Cuando llegó su madre, le mostraron las 3 camisas que habían decidido ponerse y ella, con melancolía y a la vez con entusiasmo, fue a su armario a elegir también algo que la hiciera sentir bien. Eligió un vestido verde que no se ponía desde que su esposo falleció... y se lo fue a mostrar a los niños.

Irían muy abrigados desde casa, y luego se quedarían disfrutando del calor y la cena.

El día 24, por la mañana, disfrutaron de hacer algunos turrones caseros, tenían almendras y miel, que les había regalado un vecino, e hicieron un guirlache muy apetitoso.

A las 8 de la tarde comenzaron a calentar agua para ducharse, bueno, más bien, para lavarse con agua calentita. Y, a las 9, estaban listxs para partir hacia el Comedor Social.

Estaban contentos, pues habían dejado la vela encendida, una grande que había conseguido Adela, para que cuando regresaran, papá les estuviera esperando.

La cena estuvo muy acertada y, aunque la madre se levantaba a menudo para ayudar, estaban acompañados de personas sonrientes y voluntarixs que habían acudido a pasar la noche con ellxs.

Tras la cena, hubo unos minutos de silencio, en los que cada uno decidió qué hacer, meditar, rezar, hablar con familiares fallecidos, etc... Y, tras ello, todxs se miraron y se desearon paz y amor.

La música comenzó a sonar, fue algo inesperado, ya que en su imaginación esta faceta de la cena no había estado.

Al principio les dio pudor salir a bailar y viendo que su madre se reía y bailaba tan animada y bonita, decidieron salir los tres a la vez a "hacer el loco".

La noche fue genial, el encuentro con otras personas maravilloso...y uno de los voluntarios se había ofrecido a llevarles a casa en su coche.

Cuando llegaron al hogar, henchidos de agradecimiento, su padre les esperaba.

FIN

LA LUZ DE PAPÁ

APULEYO EDICIONES   FOMENTO DE VALORES   CUENTOS ILUSTRADOS

ENCARNACIÓN MARTÍNEZ MARÍN

APULEYO EDICIONES   FOMENTO DE VALORES   CUENTOS ILUSTRADOS